课本里的作家

爱阅读
学生精读版
★★★★★

课本里的作家

一支铅笔的梦想

张晓楠／著

小学语文同步阅读
三年级
彩插精读版

山东教育出版社
·济南·

图书在版编目（CIP）数据

一支铅笔的梦想 / 张晓楠著 . — 济南 : 山东教育出版社 , 2025．4．—（爱阅读 · 课本里的作家）.
ISBN 978-7-5701-3580-6

Ⅰ. G634.333

中国国家版本馆 CIP 数据核字第 2025QX0994 号

YI ZHI QIANBI DE MENGXIANG

一支铅笔的梦想

张晓楠　著

主管单位：山东出版传媒股份有限公司
出版发行：山东教育出版社
地址：济南市市中区二环南路 2066 号 4 区 1 号　邮编：250003
电话：（0531）82092600　网址：www.sjs.com.cn
印　　刷：肥城新华印刷有限公司
版　　次：2025 年 4 月第 1 版
印　　次：2025 年 4 月第 1 次印刷
开　　本：700 mm × 1000 mm　1/16
印　　张：12
字　　数：145 千
定　　价：35.80 元

（如印装质量有问题，请与印刷厂联系调换）
印厂电话：0538-3460929

油菜花开

油菜花，油菜花
在恣意渲染
整个山坡
都是金黄的

雪地上的鸟儿

三三两两的
鸟儿，便成了
雪地上
跳动的音符

语文课

常常是这样
前面立着语文书
后面呢
翻着图画书

老师问：什么叫
暗度陈仓

圆规

不像尺子
直来直去

喜欢，站稳了
一只脚
让另一只
画过来
画过去……

漏网

那时我正藏在
村前的
麦秸窝里
咚咚的心跳
如夜晚的
发动机

母亲的纺车

月上树梢时
母亲，就把纺车
支在院子里

那盏小油灯
会趁机睡一觉
月亮下去了
它还要起来

总序

北京书香文雅图书文化有限公司的李继勇先生与我联系，说他们策划了一套《爱阅读·课本里的作家》丛书，读者对象主要是中小学生，可以作为学生的课外阅读用书，希望我写篇序。作为一名语文教育工作者，在中共中央办公厅、国务院办公厅印发《关于进一步减轻义务教育阶段学生作业负担和校外培训负担的意见》（以下简称“双减”）的大背景下，为学生推荐这套优秀课外读物责无旁贷，也更有意义。

一、“双减”政策以后怎么办?

“双减”政策对义务教育阶段学生的作业和校外培训作出严格规定。我认为这是一件好事。曾几何时，我们的中小学生作业负担重，不少学生不是在各种各样的培训班里，就是在去培训班的路上。学生“学”无宁日，备尝艰辛；家长们焦虑不安，苦不堪言。校外培训机构为了增强吸引力，到处挖掘优秀教师资源，有些老师受利益驱使，不能安心从教。他们的行为破坏了教育生态，违背了教育规律，严重影响了我国教育改革发展。教育是什么？教育是唤醒，是点燃，是激发。而校外培训的噱头仅仅是提高考试成绩，让学生在中高考中占得先机。他们的广告词是“提高一分，干掉千人”，大肆渲染“分数为王”，在这种压力之下，学生面对的是“分萧萧兮题海寒”，不得不深陷题海，机械刷题。假如只有一部分学生上培训班，提高的可能是分数。但是，如果大多数学生或者所有学生都去上培训班，那提高的就不是分数，而只是分数线。教育的根本任务是立德树人，是培根铸魂，是启智增慧，是让学生的德智体美劳全面发展，是培养社会主义建设者和接班人，是为中华民族伟大复兴提供人才，而不是培养只会考试的“机器”，更不能被资本所“绑架”。所以中央才“出重拳”“放实招”，目的就是要减轻学生过重的课业负担，减轻家长过重的经济和精神负担。

“双减”政策出台后，学生们一片欢呼，再也不用在各种培训班之间来回奔波了，但家长产生了新的焦虑：孩子的学习成绩怎么办？而对学校老师来说，这是一个新挑战、新任务，当然也是新机遇。学生在校时间增加，要求老师提升教学水平，科学合理地布置作业，同时开展课外延伸服务，事实上是老师陪伴学生的时间增加了。这部分在校时间怎么安排？如何让学生利用好课外时间？这一切都考验着老师们的智慧。而开展各种课外活动正好可以解决这个难题，比如：热爱人文的学生，可以开展阅读写作、演讲辩论，学习中华优秀传统文化和民风民俗等社团活动；喜爱数理的学生，可以组织科普科幻、实验研究、统计测量、天文观测等兴趣小组；也可以开展体育比赛、艺术（音乐、美术、书法、戏剧……）体验和劳动教育等实践活动。当然，所有的活动都应以培养学生的兴趣爱好为目的，以自愿参加为前提。学校开展课后服务，可以多方面拓展资源，比如博物馆、图书馆、科技馆、陈列馆、少年宫、青少年活动中心，甚至校外培训机构的优质服务资源，还可组织征文比赛、志愿服务、社会调查等，助力学生全面发展。

二、课外阅读新机遇

近年来，新课标、新教材、新高考成为语文教育改革的热词。我曾经看到一个视频，说语文在中高考中的地位提高了，难度也加大了。这种说法有一定道理，但并不准确。说它有一定道理，是因为语文能力主要指一个人的阅读和写作能力，而阅读和写作能力又是一个人综合素养的体现。语文能力强，有助于学习别的学科。比如数学、物理中的应用题，如果阅读能力上不去，读不懂题干，便不能准确把握解题要领，也就没法准确答题；英语中的英译汉、汉译英题更是考查学生的语言表达能力；历史题和政治题往往是给一段材料，让学生去分析、判断，得出结论，并表述自己的观点或看法。从这点来说，语文在中高考中的地位提高有一定道理。说它不准确，有两个方面的理由：一是语文学科本来就重要，不是现在才变得重要，之所以产生这种错觉，是因为在应试教育的背景下，语文的重要性被弱化了；二是语文考试的难度并没有增加，增加的只是阅读思维的宽度和广度，考查的是阅读理解、信息筛选、应用写作、语言表达、批判性思维、辩证思维等关键能力。可以说，真正的素质教育必须重视语文，因为语文是工具，是基础。不少家长和教师认为课外阅读浪费学习时间，这主要是教育观念问题。他们之所以有这种想法，无非是认为考试才是最终目的，希望孩子可以把更多的时间用在“刷题”上。他们只看到课标和教材的变化，以为考试还是过去那一套，其实，考试评价已发生深刻变革。目前，考试评价改革与新课标、新教材改革是同向同行的，都是围绕立德树人做文章。中共中央、国务院印发的《深化新时代教育评价改革总体方案》明确指出：“稳步推进中高考改革，构建引导学生德智体美劳全面发展的考试内容体系，改变相对固化的试题形式，增强试题开放性，减少死记硬背和‘机械刷题’现象。”显然就是要用中高考“指挥棒”引领素质教育。新高考招生录取强调“两依据，一参考”，即以高考成绩和高中学业水平考试成绩为依据，以综合素质评价为参考。这也就是说，高考成绩不再是高校选拔新生的唯一标准，不只看谁考的分数高，而是看谁更有发展潜力、更有创造性，综合素质更高，从而实现由“招分”向“招人”的转变。而这绝不是仅凭一张高考试卷就能够区分出来的，“机械刷题”无助于全面发展，必须在课内学习的基础上，辅之以内容广泛的课外阅读，才能全面提高综合素养。

三、“爱阅读”助力成长

这套《爱阅读·课本里的作家》丛书是为中小学生读者量身打造的，符合《义务教育语文课程标准》倡导的“好读书、读好书、读整本的书”的课改理念，可以作为学生课内学习的有益补充。我一向认为，要学好语文，一要读好三本书，二要写好两篇文，三要养成四个好习惯。三本书指“有字之书”“无字之书”“心灵之书”，两篇文指“规矩文”“放胆文”，四个好习惯指享受阅读的习惯、善于思考的习惯、乐于表达的习惯和自主学习的习惯。古人说“读万卷书，行万里路”，实际上就是要处理好读书与实践的关系。对于中小学生来说，读书首先是读好“有字之书”。“有字之书”，有课本，有课外自读课本，还有“爱阅读”这样的课外读物。读书时我们不能眉毛胡子一把抓，要区分不同的书，采取不同的读法。一般说来，读法有精读，有略读。精读需要字斟句酌，需要咬文嚼字，但费时费力。当然也不是所有的书都需要精读，可以根据自己的需要决定精读还是略读。新课标提倡中小学生进行整本书阅读，但是学生往往不能耐着性子读完一整本书。新课标提倡的整本书阅读，主要是针对过去的单篇教学来说的，并不是说每本书都要从头读到尾。

教材设计的练习项目也是有弹性的、可选择的，不可能有统一的“阅读计划”。我的建议是，整本书阅读应把精读、略读与浏览结合起来，精读重在示范，略读重在博览，浏览略观大意即可，三者相辅相成，不宜偏于一隅。不仅如此，学生还可以把阅读与写作、读书与实践、课内与课外结合起来。整本书阅读重在掌握阅读方法，拓展阅读视野，培养读书兴趣，养成阅读习惯。

再说写好两篇文。学生读得多了，素养提高了，自然有话想说，有自己的观点和看法要发表。发表的形式可以是口头的，也可以是书面的，书面表达就是写作。写好两篇文，一篇规矩文，一篇放胆文。规矩文重打基础，放胆文更见才气。规矩文要求练好写作基本功，包括审题、立意、选材、构思等，同时还要掌握记叙文、议论文、说明文、应用文的基本要领和写作规范。规矩文的写作要在教师的指导下进行。放胆文则鼓励学生放飞自我、大胆想象，各呈创意、各展所长，尤其是展现自己的写作能力、语言表达能力、批判性思维能力和辩证思维能力。放胆文的写作可以多种多样，除了写大作文，也可以写小作文。有兴趣的学生还可以进行文学创作，写诗歌、小说、散文、剧本等。

学习语文还要养成四个好习惯。第一，享受阅读的习惯。爱阅读非常重要，每个同学都应该有自己的个性化书单。有的同学喜欢网络小说也没有关系，但需要防止沉迷其中，钻进“死胡同”。这套《爱阅读·课本里的作家》丛书，给中小学生课外阅读提供了大量古今中外的名家名作。第二，善于思考的习惯。在这个大众创业、万众创新的时代，创新人才的标准，已不再是把已有的知识烂熟于心，而是能够独立思考，敢于质疑，能够自己去发现问题、提出问题和解决问题，需要具有探究质疑能力、独立思考能力、批判性思维和辩证思维能力。第三，乐于表达的习惯。表达的乐趣在于说或写的过程，这个过程比说得好、写得完美更重要。写作形式可以不拘一格，比如作文、日记、笔记、随笔、漫画等。第四，自主学习的习惯。我的地盘我做主，我的语文我做主。不是为老师学，也不是为父母长辈学，而是为自己的精神成长学，为自己的未来学。

愿广大中小学生能借助这套《爱阅读·课本里的作家》丛书，真正爱上阅读，插上想象的翅膀，飞向未来的广阔天地！

顾之川

目录

我爱读课文

作家经典作品

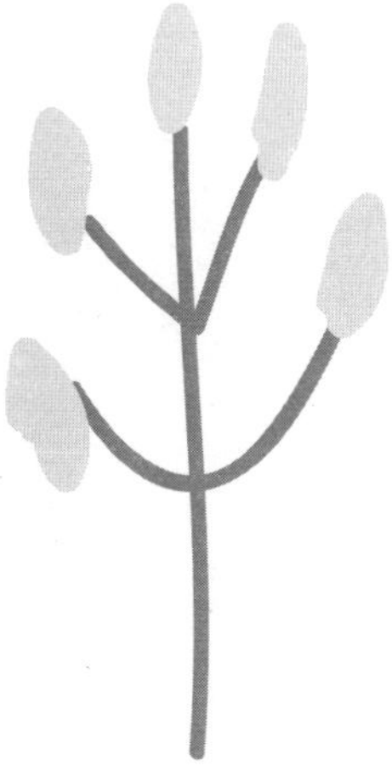

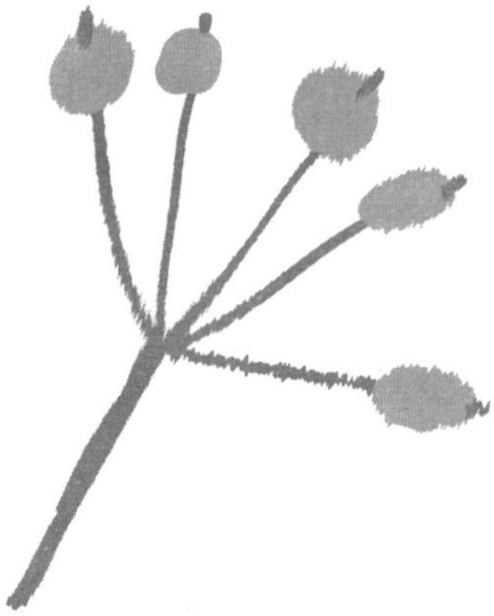

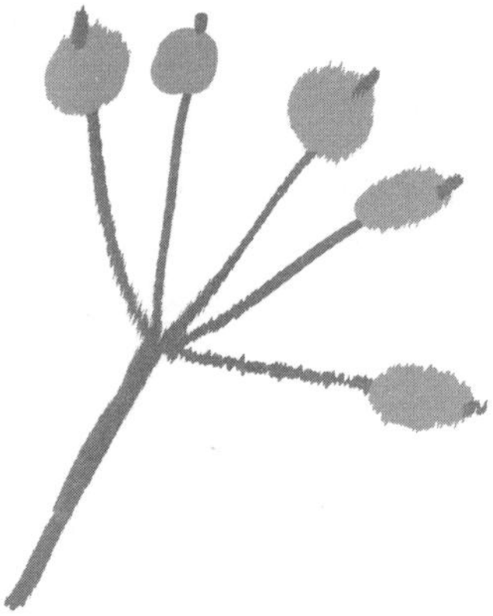

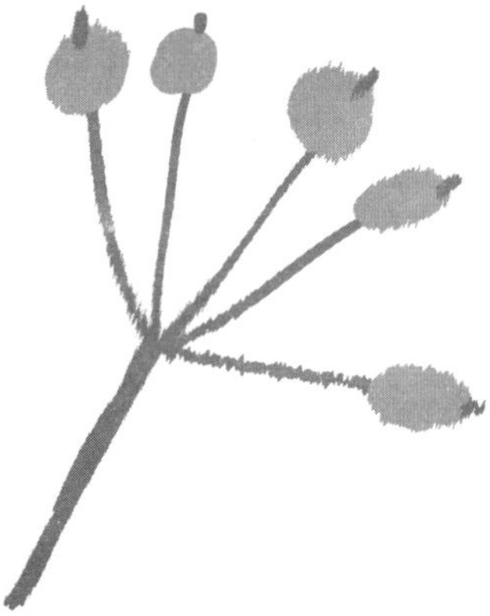

我爱读课文

原文赏读

一支铅笔的梦想

名著导读课堂
作家故事影像
阅读技巧点拨
漫游世界名著
扫码获取

体裁： 童话

作者： 张晓楠

创作时间： 当代

作品出处： 部编版语文三年级（下册）

内容简介： 本文讲述了一支老憋在抽屉里的铅笔可能会产生的一些梦想，比如溜出教室、跳进荷塘里、躲到菜园里去、来到小溪边等。从故事中我们可以认识到想象力越丰富、灵感越多，写出的文章就越精彩。

读前导航

阅读准备

张晓楠的童话作品想象精致而奇妙，叙述别致而优美，语言清新而自然，引领着小读者睁大眼睛，随着张晓楠的文字跃动，发现美、认识美、感受美。小读者在阅读这些童话故事的过程中，逐渐了解生活之美、体会助人之乐、感受友爱之情。张晓楠用美好的语言将朴素的道理融入童话中，用清新诙谐的文字串起童心与爱心，寓教于乐，润物细无声。

目标我知道

学习目标	会写“屉、萌、伪、稿”等生字 会认“憋、篙、筏、嫩”等生字 读准多音字“结”
学习重点	能够掌握故事中出现的生字及其用法
学习难点	能够仿照这个故事，自己写一个新故事

精彩赏读

课本原文

一支铅笔的梦想

①想一想，一支老憋在抽屉里的铅笔，会有多少梦想？

②第一个梦想，是溜出教室。知道我要做什么吗？我要到山坡上，萌出嫩嫩的芽儿；还在头顶上，开出一朵漂亮的花儿。蝴蝶啊蜜蜂啊，就猜不出我是谁了。哈，多么好玩！多么开心！

③第二个梦想，是跳进荷塘里。知道我要做什么吗？我要为小鱼虾，撑起阴凉的伞；伞上，还趴着大眼睛青蛙。有的在伞上歌唱，

【抽屉】桌子、柜子等家具中可以抽拉的盛放东西用的部分，常作匣形。

有的在伞下玩耍。哈，多么好玩！多么开心！

④ 第三个梦想，是躲到菜园里去。知道我要做什么吗？我要在青叶间，长成长长的豆角；或者，伪装成嫩嫩的丝瓜。菜园里的派对马上开始！哈，多么好玩！多么开心！

⑤ 第四个梦想，是来到小溪边。知道我要做什么吗？我要为玩水的鸟当船篙，为过河的蚂蚁当木筏。船上的、岸边的一齐喝彩！哈，多么好玩！多么开心！

⑥ 第五个梦想，是跑到运动场上。知道我要做什么吗？我要当一会儿小松鼠的撑竿，当一阵儿小猴子的标枪[1]。挂在脖子上的奖牌亮闪闪的。哈，多么好玩！多么开心！[2]

【第一部分（①－⑥段）：写一支铅笔可能会有的一些梦想，比如溜出教室、跳进荷塘里、躲到菜园里去、来到小溪边等。】

⑦ 谁也不知道，一支铅笔有多少梦想……就像种在稿纸上的字，发多少芽，开多少花，结多少童话。

【第二部分（⑦段）：铅笔的梦想像稿纸上的字，有多种可能。】

【伪装】假装；假的装扮。

[1] 撑竿、标枪和铅笔一样，都是细长的，这样的想象自然合理。

[2] “多么好玩”“多么开心”表达了铅笔的心情非常愉悦，感到非常快乐。

【稿纸】供写稿用的纸，多印有一行行的直线或小方格儿。

作品赏析

这篇文章用生动有趣的语言讲述了一支铅笔有了一些梦想的故事。故事告诉我们，想象的能量很大，是孕育快乐果实的过程中必不可少的法宝。

积累与表达

字词我来记

会写的字

<table>
<tr><td>tì</td><td>部首</td><td>笔画</td><td>结构</td><td>造字</td><td>组词</td></tr>
<tr><td rowspan="2">屉</td><td>尸</td><td>8</td><td>半包围</td><td>会意</td><td>抽屉　笼屉</td></tr>
<tr><td>辨字</td><td colspan="4">尾（尾巴　尾部）　尽（尽头）</td></tr>
<tr><td>字义</td><td colspan="5">1. 屉子，特指笼屉。 2. 抽屉。</td></tr>
<tr><td>造句</td><td colspan="5">桌子上有一屉馒头。</td></tr>
</table>

<table>
<tr><td>méng</td><td>部首</td><td>笔画</td><td>结构</td><td>造字</td><td>组词</td></tr>
<tr><td rowspan="2">萌</td><td>艹</td><td>11</td><td>上下</td><td>形声</td><td>萌发　萌芽</td></tr>
<tr><td>辨字</td><td colspan="4">荫（绿荫　荫凉）　葫（葫芦）</td></tr>
<tr><td>字义</td><td colspan="5">1. 发芽。 2. 开始发生。 3. 稚嫩而惹人喜爱的。</td></tr>
<tr><td>造句</td><td colspan="5">春天来了，草木萌动。</td></tr>
</table>

<table>
<tr><td>wěi</td><td>部首</td><td>笔画</td><td>结构</td><td>造字</td><td>组词</td></tr>
<tr><td rowspan="2">伪</td><td>亻</td><td>6</td><td>左右</td><td>形声</td><td>伪装　伪造</td></tr>
<tr><td>辨字</td><td colspan="4">伊（伊人　伊始）　似（相似）</td></tr>
<tr><td>字义</td><td colspan="5">1. 有意做作掩盖本来面貌的；虚假（跟“真”相对）。 2. 不合法的。</td></tr>
<tr><td>造句</td><td colspan="5">我识破了他的伪装。</td></tr>
</table>

gǎo	部首	笔画	结构	造字	组词
稿	禾	15	左右	形声	稿子　纸稿
	辨字	搞（搞工作　搞建设）			
字义	稿子。				
造句	这些稿子需要修改。				

会认的字

biē	组词
憋	憋坏 憋着

gāo	组词
篙	船篙 篙头

fá	组词
筏	木筏 筏子

nèn	组词
嫩	嫩芽 嫩枝

多音字

结
- jiē（结实）
- jié（领结）

辨析：读 jiē 时，表示长出（果实或种子），如：结果。读 jié 时，①在条状物上打疙瘩或用这种方式制成物品，如：结绳、结网；②条状物打成的疙瘩，如：蝴蝶结。

近义词

溜走—逃走　　梦想—理想　　伪装—假装

反义词

阴凉—炎热　　　漂亮—丑陋　　　好玩—无趣

日积月累

1. 一只老憋在抽屉里的铅笔，会有多少梦想？

2. 我要为玩水的鸟当船篙，为过河的蚂蚁当木筏。

3. 谁也不知道，一支铅笔有多少梦想……就像种在稿纸上的字，发多少芽，开多少花，结多少童话。

读后感想

《一支铅笔的梦想》读后感

在今天的课堂上，我学习了文章《一支铅笔的梦想》。

这个故事讲的是一支老憋在抽屉里的铅笔会有的各种梦想。它想到山坡上萌芽开花；它想跳进荷塘里为小鱼虾撑伞；它想躲到菜园里长成豆角、伪装成丝瓜；它想来到小溪边为鸟当船篙、为蚂蚁当木筏；它想跑到运动场上当小松鼠的撑竿、当小猴子的标枪……文章最后，写出了一支铅笔的梦想非常丰富，就像种在稿纸上的字，可能会变成各种童话，这些令人喜爱的童话会带给读者非常多的快乐。

通过阅读这个故事，我明白了一个有趣的道理：想象的魅力无穷无尽，想象的能量无比神奇。它会给自己和别人带来非常多的快乐，是孕育快乐果实的过程中必不可少的法宝。

精彩语句

通过阅读这个故事，我明白了一个有趣的道理：想象的魅力无穷无尽，想象的能量无比神奇。它会给自己和别人带来非常多的快乐，是孕育快乐果实的过程中必不可少的法宝。

通过阅读故事，读者悟出了这个有趣的道理，明白了想象的魅力无穷无尽。

妙笔生花

铅笔还会有哪些梦想？发挥一下想象力，写一写。

知识乐园

一、给加点字选择正确的读音并打“√”。

抽屉（tì ti）　　趴着（pà pā）

伪装（wěi wèi）　　船篙（gāo gào）

二、解释词语的意思。

抽屉：________________

伪装：________________

船篙：________________

木筏：________________

三、仿照文章中的句子，写一段话。

我要为小鱼虾，撑起阴凉的伞；伞上，还趴着大眼睛青蛙。有的在伞上歌唱，有的在伞下玩耍。

____

____

____

____

____

____

四、填写合适的近义词。

开始—（　　）　　梦想—（　　）

伪装—（　　）　　开心—（　　）

五、“伪装成嫩嫩的丝瓜”是铅笔的第几个梦想？( )

A.第一个

B.第二个

C.第三个

D.第四个

六、回答问题。

1.铅笔想当撑竿，想当标枪，它为什么会这样想呢？

______

______

______

2.这篇文章写了铅笔的几个梦想？从这几个梦想中可以看出铅笔有什么性格特点？

______

______

______

作家经典作品

自主阅读

春天的密码

谁能破译
早春的密码呢

那些枝头
冒出的嫩绿
那些燕子
嘴边的褐黄
那些鹅鸭
打出的谜语

还有雨丝
细微的频率
还有柳笛
波段的绵长

可用眼睛听
用耳朵看

用血液，与绿色
完成置换

谁能破译
早春的密码
赏谁一个
绝妙的春天

抽穗的麦苗

在忍受了一冬的
饥饿之后
麦苗们，纷纷
举起了饭叉

慷慨的春天
有的是鲜花和美酒
它让油菜地
渲染热烈的气氛
让燕子跑堂
让蜜蜂主厨

风筝，忙着招呼
往来的客人
芽苞，燃放起
绿色的鞭炮
鹅鸭们，不邀而至

也殷勤地
跳起了摇摆舞

在花朵，频频地
举杯之际
麦苗还是醉了
它想美美睡一觉
最好睡到六月
它还想做一个
饱满的梦
打着金黄的嗝儿

初春随笔

燕子做窝，衔来
童年的踪迹
左一搭右一搭
让温暖汇集

沉睡一冬的草儿
已开始醒来
无意间，挠痒
河坡的足底

而那些脚印儿
也纷纷出动
或深或浅
都装满了春意

甜甜的草根
是春的味道吗

新翻的泥土
是春的本色吗

在惺忪的空当
三两只黄鹂
跃上柳枝
发布春的消息

油菜花开

油菜花，油菜花
在恣意渲染
整个山坡
都是金黄的

流下来的
每一条路径
每一道畅想
都是香的
都是甜的

这是在山区
山区的四月
让我这个
初来乍到的孩子
颇不服气

我们的四月
全是绿的
整齐的麦苗
温顺的草地
就像平静的湖水
优雅且含蓄

我就想象着
长长路径
变成绳索就好了
把这些
张扬的家伙
紧紧捆着

一幅画面要在春天缝上

鱼儿，在水中
游来游去
像一只只银梭
闪着光亮
一幅画面
要在春天织上

蜜蜂，在花间
舞来舞去
小小针刺
在体下掩着锋芒
一幅画面
要在春天绣上

燕子，在空中
飞来飞去
匆忙间错把枯草

当成线头
一幅画面
要在春天搭上

姐姐，在田间
忙来忙去
插下的秧苗
像密密的针脚儿
一幅画面
要在春天缝上

夏天的顿号

金蝉，金蝉
撇开六月的漏洞
爬爬停停
停停爬爬
像一只只顿号
打在夏天的
行文里

让杈、耙、锹
扫帚、镰刀
在院子里
稍事停顿
让花、草、树
麦茬、豆苗
在大田里
列队站好

夏天，最初的夏天
井然有序
最初的夏天
安静美妙

可是，金蝉啊
为何没有
耐住性子
又脱掉外衣
练起了肺活量？

知道吗？在你的
破折号一般的
嘶鸣声中
整个夏天
很快就乱套了

夏天的熟梦

雨滴，是
透明的美食吧
扑嗒扑嗒
喂养着六月

那些张扬的玉米
踮着脚尖
表示欢迎
那些敦实的谷穗
点着脑袋
表示欢迎

那些杏儿
不知想起了什么
喜上眉梢
那些桃儿
不知想起了什么

面带绯红

那些石榴
噘着小嘴卖萌
那些知了
扯着嗓子起哄

而夏天，更像是
一头老牛
尤其在夜间
一遍一遍
反刍着熟梦……

到那片树林去

走，到村前
那片小树林去

高高低低的马扎
凑在一块
聊兴正浓呢
大大小小的蒲扇
来回晃悠
你把凉席一摆
天气，马上考虑
降温问题

做一会儿游戏
下一会儿跳棋
如果觉得
地面上没有意思
你还可以

猴子一样
爬到树杈上去

有吱吱溜溜的
叶笛在响
有叽叽喳喳的
鸟儿在叫

那个好强的日头
想尽办法
也钻不进树荫去
只好眼巴巴
待在树顶
没了脾气

麦子黄梢了

麦子黄梢了
杏儿，又在枝头
眉目传情

那些燕子，依然
奔走相告
鹅黄的嘴边儿
涂满幸福

那些鹅鸭，开始
结伴而行
眉里眼里
都透着满足

毛茸茸的鸡苗
转眼到了
入学年龄

米粒儿，是它们
最初的
作业吗

而树杈上的巢
开始沉到
绿色深处
不知，打捞多少
鸟的叫声
花的祝福

荷塘的童话

最初，那只青蛙
一个猛子
扎进夏天深处

忙着撑伞的荷叶
进也不是
退也不是
搓着脚，在水下
暗暗怄气

那些鱼虾，趁机
跑来捣乱
大头蜻蜓，甚至
在荷叶上
练起了倒立

而拖水鸟，开始

奔走相告
平静的水面上
一道拉链
拉开又合起

后来，是莲蓬拍下
这荒诞一幕
在夏天的群里
传来传去……

秋天的小名

让我们，面对田野
齐口喊一声
秋天的小名——

性格内向的花生
首先应了
这些连开花
也羞羞答答的女子
多日不见
不知有多少积蓄
藏而不露

天天向上的芝麻
接着应了
都是些大嗓门兄弟
喜欢把喇叭
挂得一只高过一只

喜欢把队伍
排得整整齐齐

镶满金牙的玉米
接着应了
从粉面小生
到腰缠万贯
这些张扬的家伙
一路礼花
风光又野性

老打问号的谷子
低着眉应了
直来直去的高粱
红着脸应了
多胞胎的豇豆们
咧着嘴应了……

知道了吗？秋天
朴实热烈的小名
叫金黄
叫富足
叫喜庆

秋天的声息

一只只扁豆
支着耳朵，聆听四野
传来的声息

那是秋虫
私语的声音吧
那是田鼠
梦呓的声音吧
那是刺猬
叹息的声音吧

那是豆荚
炸响的声音吧
那是苹果
坠地的声音吧
那是老牛
舐犊的声音吧

这些细微
且美妙的声息
在妹妹的
浅睡中，汇集起来
恰好装满
梦的酒窝

秋天的家谱

棉花，是大姐
花生，是二姐
名里没花，却喜欢
开花的芝麻
该是妹妹吧

高粱，是大哥
玉米，是二哥
讨厌领带，却喜欢
领结的蓖麻
该是弟弟吧

在秋天里
总会有那么多孩子
在大田列队
井然有序
规规矩矩

它们知道
那个身穿灰衫的
田鼠先生
一笔一画
正抄家谱呢

说不定，什么时候
就会叫起
自己的名字

在秋天深处

棉铃虫，依然
凿着城堡
在秋天深处
固执，让它把自己
送进墓地

麻雀们，依然
灰头灰脸
在秋天深处
贪吃，让它始终
缺乏底气

小田鼠，依然
战战兢兢
在秋天深处
储点冬粮，如在
刀尖上行走

稻草人，依然
指手画脚
在秋天深处
不知自己，多么
可笑滑稽

而我，依然在
田间穿梭
在秋天深处
一支笔，天线般
探寻着秘密

花生开花了

长到一尺高
花生，就开花了
躲躲闪闪
羞羞答答

奶奶说，一朵花
落了地，就是
一颗果儿
一个娃儿

我就想，葫芦
该是花生
失散的兄弟吧
豆荚该是
远房的妹妹吧

那么多的孩子

总会有些
水土不服
甚至，玩起来
忘了开花

长到一尺高
花生，就开花了
开一朵笑
开一盏灯
照亮秋天的家

雪地上的鸟儿

当村庄
像一只只雪狗
安静下来
三三两两的
鸟儿，便成了
雪地上
跳动的音符

这些喜欢
用脚临摹的家伙
涂了抹
抹了涂
梅花，就在眼前
怎么就
画不成呢？

这些肺活量

很小很小，偏喜欢
唱歌的家伙
叽叽喳喳
喳喳叽叽
半天也没见
有掌声响起来

饿了，就停下来
三挠两挠
冬天就露了馅
三挠两挠
冬天就开了怀

雪地上的鸟儿
是春天
派来的精灵怪

雪花说来就来了

雪花，说来就来了
这些冬天的盐
腌得夜晚
有滋有味……

红泥炉上
银壶，悠闲地
吹着口哨
拴在槽头的春天
静静地
反刍农谚

地瓜，全聚集
地窖里开会
抵着头，不知
讨论着什么
一贫如洗的麻雀

趁机进驻
玉宇琼楼

松树与柏树
经不得诱惑
转眼，就变卦了
门和窗子
闭着眼睛，合计
明天的出路

雪天的故事

雪天的故事，源于
一只黑狗
想变成白狗

现在，机会来了
它招呼着
伙伴们，去雪地上
演绎神奇

一只田鼠，首先
表示顾虑
整个冬天，它已
发福不少
再裹一身雪花
会不会
钻不进洞里去

一只麻雀，同样
提出质疑
整个冬天，它已
翅膀发硬
再裹一身雪花
会不会
飞不上窝里去

一只猫咪，担心
鼠的伪装
一只母鸡，害怕
蛋的失迷

据说后来，黑狗
变了主意
赶紧抖落雪花
唯恐主人
认不出自己

雪花是冬天的偏旁

无雪的冬天
是不完整的
无雪的冬天
到处，是错别字

枯寂的草木
昏黄的墙垛
僵硬的表情
连鸟儿的叫声
也缺斤少两

像冰冻的心事
渴望孵化
瘦削的部首
等待偏旁

而此时，雪花

是最美丽的修饰
使整个冬日
由此饱满
由此温润
由此意味深长

雪后，耀眼的纯净
才是冬日
真正的晴朗

冰凌，冬天的温度计

有谁知道
那些破落的房檐
爱的一面

当大片的雪花
在空中
纷纷扬扬
不安的鸟雀儿
猜不透
隆冬的深浅

而房檐，以温暖
以真诚
感动冰雪
把一支支
温度计，挂在
冬的前沿

语文课

常常是这样
前面立着语文书
后面呢
翻着图画书

老师问：什么叫
暗度陈仓
我摇摇头
老师问：什么叫
挂羊头卖狗肉
我说不知道

老师就笑了，说
就是你这样

黑板擦

好多字都说
黑板擦
又笨又傻

粉笔，背着手
在黑板上
晃来晃去
它倒像一辆
寂寞的校车
远远停下

它知道
新奇与欢呼
与己无关
生字是需要
鼓励的娃娃

出头的事儿
让教杆去做吧
这家伙喜欢
比比画画

当字儿们
与孩子一样
要下课了
它把自己开过去
送它们回家

铅笔盒

其实说
其实说铅笔盒
并不准确

里面还装着橡皮
装着圆规
装着直尺
装着三角

还装着小手链
装着曲别针
装着大头贴
装着不干胶

装着好多好多
有用的
好玩的

这是我们的权利
这是我们的
百宝盒

假如有一天
一张纸条儿
也悄悄挤了进来
里面又多了
妈妈的忧虑
爸爸的错愕

订书机

像青蛙一样
张着个
大嘴巴

喜欢在
纸张的一侧
下口

嘴里，响着
咔嗒
咔嗒

嘻嘻，每次
硌掉
一颗门牙

削笔刀

那是，一座
小小的
城堡

旋转的门后
长满了
诱惑

铅笔探探头
想看个
究竟

耳边，升起
镶边的
云朵

圆 规

大长腿圆规
可真有趣

不学量角器
拐弯抹角
不像尺子
直来直去

喜欢，站稳了
一只脚
让另一只
画过来
画过去……

哈哈，那样子
像表演
芭蕾舞剧

想号

标点符号中
有逗号
有问号
有省略号

为什么
为什么，偏偏
没想号

小小刺猬
支着刺儿
使劲地想

嘻，那样子
简直
就是想号

骑 行

两只句号
驮着，一只
感叹号

欢快在
破折号一般的
小道上

清脆的铃声
是一串
省略号……

这些字儿

这些字儿
有一个共同的家
——字典

这些字儿
像一群孩子
机灵、顽皮
会时不时给你
带来乐趣

它们，会顺着
你的思维
沿着你的笔尖
悄悄地
滑落在纸上

工整时

是成串的糖葫芦
潦草时
是怪怪的玩具

这些字儿
会发光、发热
会编织希望
搭造神奇

这些字儿
不会忘记回家
趁你不注意
会抽身而去
留在纸上的
全是影子……

有趣的字

一个字领头
几个字跟上
就成了
一个句子

一个句领头
几个句跟上
就成了
一首小诗

它们还推选
几个字儿
担任标题
又风光
又神气

开开心心的

字儿
活泼可爱的
字儿

瞧，标题
带着它们
在做课间操呢
一招一式
规规矩矩

出 行

一群汉字
为选择出行方式
争论不休

有的想坐
绿格子火车
有的选择
电子通道
有的喜欢
主人的高嗓门

最后，鼠标
与笔杆儿
合计了合计
建议组成
一篇童话

让喜欢读书的
小朋友
帮着想办法

生字本

一排一排的
方格子
是生字的家

那是孩子们
为它们
团购的小房子
红的绿的
面积一样大

生字宝宝
在小格子里
健康成长
快乐成长
从生字
到熟字，然后
鸟儿一样

扑棱着翅膀
飞走了

有一个错字
被小朋友
一不小心
也安顿了下来

像一个
犯错的孩子
眼泪汪汪
倚着个红叉

逃　课

逃课的青蛙
惊醒了
鸟儿的翅膀

逃课的星星
伪装成
露珠的模样

逃课的毛虫
半道上
变成了蝴蝶

唯小小蟋蟀
尚蹲在
教室的一角

反复吟诵着
晚自习
指定的文章

学习园地

一页整洁的字
就是一笼
俊美的小鸟

它们被高高
挂在墙上
鸣啾着
你的赞许
我的骄傲

一张清晰的题
就是一畦
迷人的麦苗

它们像层层
漂亮梯田
散发着

绿的生机
清的美妙

而我们，则是
一拨一拨
忘情的游客
不知不觉
也走进了画面
成了其中
一个逗号

教杆儿

黑板擦说
教杆儿就喜欢
比来画去

教杆儿也委屈
它想挣脱
那只紧握的手
做一回
梦中的自己

比如做支笔杆
蘸着红水
画个圆圈
打个叉号
又威风又神气

比如做支标枪

飞出教室去
带着风声
带着惊叹
又威猛又飘逸

教杆儿不知道
写字的笔杆
老想着抬头
飞奔的标枪
总盼着着地

麦田的诗

一方方麦田
是整齐的
诗歌

小路负责
分节
小河负责
断行
斜风负责
押韵
细雨负责
合辙

燕子和风筝
该是春天
派来的
高端读者

冬天的书本

冬天，是一本
单调的书

为了读出
它的新意
大家纷纷想办法
出主意

雪花，飘下来
说：我来做
你的脚注吧

冰凌，挂在那
说：我来做
你的标注吧

麻雀，跑出来

说：我来做
你的标点吧

小河，拉直尺子
说：我来
为你分段吧

风儿，哆哆嗦嗦
说：我来
为你翻页吧

这样，冬天的书
是不是
有趣了许多

我的诗歌

这是我领养的
一群小精灵
它们排着队，排成
长长短短的句子
走进这本书里

也会有三两个
不听从管教
结果，被那个
叫责任编辑的家伙
赶进纸篓里

那个大大的书名
是我的招牌
不想认账也不行
因为下面
缀着名字

我知道，会有
许多小读者
喜欢这些孩子
喜欢它们
俊秀的模样
甜甜的笑意，还有
带来的欢愉

甚至有个小姑娘
没经我许可
竟把它们
悄悄领走，藏在
日记本里

童话溜进教室里

童话书，在书架上
待了许久
终于，跟着书包
溜进教室去

从一个座位，跳到
另一个座位
从一个抽屉，躲进
另一个抽屉

甚至，某个自习课
竟到讲台上
绘声绘色，讲起
流浪的传奇

那些作文题，开始
眉开眼笑

那些数学题，渐渐
有了头绪

教室的笑声，明显
多了起来
胖墩的成绩，竟然
好了起来

所有同学，都知道
其中的秘密
不知那个眼镜老班
是否还装糊涂

奶奶的棉花田

恍惚间，田头
又走来奶奶
小路，絮絮叨叨
跟在后面

奶奶又去她的
棉花田了
进去的时候
像只老猫，出来
就是企鹅了

大多时候，我像
猴子一样
没了踪影
奶奶直直身子
再弯下去

奶奶把想说的话
一朵一朵
采下来
装进围裙里……

后来，奶奶
也没了影子
我就在方格子纸上
栽满棉花
让奶奶的话儿
始终开着

一把蒲扇

一把蒲扇
蝌蚪一样
在夏天的领域
摇头摆尾

是谁，在旁边
席地而坐
气定神闲
白头发，青布衫
鸡皮鹤肤
宛若神仙

一把蒲扇
轻轻摇动
可以让一汪蛙鸣
此起彼伏
一把蒲扇

轻轻摇动
可以让满天星辰
明明暗暗

一把蒲扇
其实，是一把桨
把奶奶和我
从夏的此岸
摇向彼岸……

漏网

母亲的呼唤声
从村东
到村西
网了一遍
便拎着褂子
回家了

那时我正藏在
村前的
麦秸窝里
咚咚的心跳
如夜晚的
发动机

不能回声的
童年啊
不能暴露的

童年啊

如水的月光
渐渐淹没
小村的嘈杂
也淹没了
伙伴们
寻找的耐心

我像漏网的鱼
失望地
游在回家的
委屈里

打 结

小小路径
是一根绳索

遇到村庄
打一道结
遇到果园
打一道结
遇到寺院
打一道结

小小枝条
是一根绳索

遇到花苞
打一道结
遇到果实
打一道结

遇到鸟巢
打一道结

绵绵思绪
是一根绳索

遇到老屋
打一道结
遇到坟墓
打一道结
遇到明月
打一道结

香椿树

香椿，抽芽了
一簇一簇
绿色的火苗儿
开始点燃
香喷喷的春天

而铁环，开始
闻香而动
像一只只蝌蚪
在街巷里
来回游动

一把一把镰刀
拖着箩筐
东张西望
总也掩饰不住
一些杂念

二婶说
芽不掰，树不旺
说着说着
自己弯腰笑了
像一棵
错过节气的
老香椿树

香椿芽

香椿抽芽的时候
二婶的眼神
也跟着绿了

这里瞅瞅
那里转转，二婶
满目春风
乐此不疲
一只竹竿
绑定镰刀，成了
二婶的
常规武器……

常常是，二婶
把白天
装进了竹筐
把镰刀
忘在了半空

种玉米

父亲，在前面
刨坑儿
母亲，在后面
埋籽儿

我们呢，就是
不经意间
长大的玉米

现在，父母亲
又折身
去玉米田里
拔草了

而我们，只顾
抽穗扬花
忘了身后
疯长的思绪

掉队

掉队的风
钻进
叶子间

掉队的雨
猫在
花丛中

掉队的云
坐在
树梢上

掉队的我
会在
哪里呢

嗯，藏在
妈妈的
喊声里

纳鞋底

夜，已经深了
母亲还在
纳她的鞋底

咔嗒咔嗒的
钟表，记下了
母亲的针脚

明明暗暗的
星辰，记下了
母亲的针脚

起起伏伏的
虫鸣，记下了
母亲的针脚

等母亲起身

启明星
已在天边了

像母亲——
挽起的线头

透 题

如果说，瓜棚
是醒目的
标题

瓜秧儿，就是
啰唆的
语句

西瓜呢，该是
圈出的
亮点吧

爷爷是出题人
偏喜欢
给孩子透题

这里没有海

这里没有海
这里有
大片的麦田

这里没有帆
这里有
飘逸的纸鸢

这里没有舟
这里有
施肥的耧车

这里没有鸥
这里有
翻飞的小燕

身 影

雨水冲不去
面部的焦黄
也冲不去，你的
疲惫与牵挂

风很小，你还是
趔趄了一下
慢慢倒下去
那把雨伞，成了
雨幕中
飘零的花……

十多年过去
我由一个学童
也成了老师
在明净的教室里
身如板擦

一遍一遍
擦拭着记忆

而你的身影
依然，尤其雨天
越擦越清晰

偷瓜的孩子

七八岁的瞳仁
播进夏天
便长出一片
丰盈的诱惑

那个嘴馋的孩子
蹑手蹑脚
七月，被一只西瓜
撩拨得
垂涎欲滴

只是守棚的旱烟
一直飘飘袅袅
飘飘袅袅
使人想起
他下巴的年纪

那孩子太阳打盹儿时
溜进瓜地的
结果，被咳声
绊了一跤
那孩子回家时
肚皮上沾着瓜瓤

角 色

花开时
棉花，是一位
妙龄少女
散发着
清新芬芳

结桃时
棉花，是一位
青头小伙
生涩相
泛着光芒

吐絮时
棉花，是一位
优雅女子
谈吐间
含着笑意

而后来
棉花，就成了
邻家奶奶
在粗布之后
守着晴朗

向日葵

那个支着
一转盘子弹的
向日葵啊
你肯定没想到
还有如此
可笑的事情

我是说那个
光屁股的小家伙
三天两头
在你的射程里
来回晃动
来回晃动

做梦，都盼着
被你瞄准
然后射中……

晃来晃去

一把小铲刀
在田埂上
晃来晃去

一只小竹篮
在麦茬地
晃来晃去

一只小背篓
在棉花田
晃来晃去……

没进过学堂的
妹妹啊
在我的书本里
晃来晃去

乡村温情

庭院里，马扎们
凑在一块
东拉西扯
多胞胎的酒盅
个个噙满
发酵的温情

田里的玉米
早已解甲归来
挤在屋檐下
盘点战果
打着饱嗝的鹅
腆着肚子
来回转悠

暮归中，隐隐哞叫
开始加速

风箱的心跳
炊烟，按捺不住
蹿上房顶
探个究竟

母亲的纺车

月上树梢时
母亲，就把纺车
支在院子里

那盏小油灯
会趁机睡一觉
月亮下去了
它还要起来
在窗台上，支着
夜的一角

母亲，频频扬手
那辆纺车
频频回望
像远离的孩子
三步一回
三步一回

母亲，把思绪
抽成了丝
母亲，把月光
纺成了线

那时候大哥
在远方当兵
二哥在县里求学
我和小弟
在炕头说着梦话

常常会是这样
清晨醒来
发现母亲
把整个夜晚
都纺成了线穗儿
白白胖胖
装满条筐

苏醒的村庄

村庄醒来的
第一件事，就是
吧嗒吧嗒
抽一袋烟

你听到灶间
风箱声响了吗？
你看到房顶
炊烟袅升了吗？

而这个冬天
村庄，更像一位
贪睡少女
双眼皮的窗子
一直闭着
深深浅浅的呋声
与呓语

交响着温情

可是，可是春天
毕竟到了
冰河初炸的声音
细微而真切
三三两两的鸡儿
欢快地
啄食着残梦

这时你揽着
大大小小的农事
开始出门
宽阔的街道
是村庄
愈加粗壮的脉络

不知不觉间
你也是
满目的激情了

麦茬：记忆的梳子

一垄垄麦子
最终，被拉出去
另立山头
而麦茬布下的
金枪阵，依然
威风且整齐

锋芒毕露的
麦穗儿，早已
被瓦解得
闻风丧胆
镰刀与石头的
双簧戏，被蝉声
临摹得
不着边际……

零星的黄花儿

在杜鹃的
追问下，开始
闪烁其词
喜上眉梢的杏子
转眼间
没有了踪迹

当喇叭花的号角
再无力吹响
就这么停滞吧
让时间，垛在案头
麦茬成为
记忆的梳子

做一片叶子的快乐

想一想
做一片叶子，快乐
幸福的时光

那些花啊草啊
没有谁
能抢过你的风头
站在早春的
枝柯上，你可以
尽情欢唱
尽情地
舞着巴掌

而那些
叽叽喳喳的鸟儿
飞来飞去
飞去飞来

累了，就钻进
你的心窝
月光，披在肩上
就是宁静
就是安详

那些青青的果儿
黄黄的果儿
也是你的孩子
它们说，你的乳汁
是绿色的
是香甜的
听，仔细地听
就会感到
叶脉传来的声响

梦中的动物和植物

我梦见，鱼儿
是长在棵子上的
像小青椒
像小红椒
等着我们去采
想跑也跑不掉

我梦见，辣椒
是生在池塘里的
像小鲤鱼
像小鲫鱼
在秋天的水域
游来游去……

小燕子，长了
四条腿儿
在田野里疯跑

小兔子，长出
一对翅膀
在空中飞啊飞

连小茄子，都是
飘在空中的
像紫色的气球
吹大就大
吹小就小

花生，是挂在
枝条上的
一串一串
像迷人的风铃
摇来摇去……

我还梦见
我和我的伙伴们
全长成了
整齐的玉米
腰间，别着手枪
威风又神气

驻足麦田的感觉

闭上眼睛
想一想，在麦田
驻足的模样

尤其在早春
在一幅偌大的
油画之上
会有一种油绿
一种油绿
沿着双腿
缓缓而上……

一种血液
被置换的感觉
一种视线
被诱发的异样

然后头发绿了
四肢绿了
如果再穿一件
绿色风衣
你就是一株
大个子麦王了

所以，你常想
男孩头上
是整齐的麦苗
女孩头上
是抽出的麦穗儿
在不停摇晃……

到我的水边来吧

到我的水边来吧
弯下腰
照照水皮
你的欢乐，便成了
双份儿

捡一颗小石子
扔过去
石子成了
叽叽喳喳的鸟儿
扑扑棱棱
飞走了

摘一片柳叶
丢下水面
柳叶成了
活活泼泼的鱼儿

在你眼里
游来游去

折一根草棒
插进水面
草棒成了
正拔节的芦笛
吱吱呀呀
叫个没完

多萌生几片叶子

且让我
多萌生几片叶子
在我的指间
美美挂着

鸟儿，可爱的鸟儿
在我的枝丫
筑巢吧
为迎你，我一直
高举双臂

我的头发
是浅浅的草丛
我的耳朵
是翩翩的蝶儿
那么眼睛呢
眼睛

是清清的小溪

且有
一颗颗
酸酸的草莓
且有
一串串
甜甜的诗句

在我的领域
你会
快乐无比

年　轮

我们看到了，风
吹过树梢

往东刮
往东北刮
往北刮
往西北刮
往西刮
往西南刮
往南刮
往东南刮

所以，树的年轮
是旋转的

后 来

曾经，赤着脚
在田埂上
欢呼，后来
我便有了
玉米的天性

曾经，撑着伞
在池塘边
伫立，后来
我便有了
莲蓬的梦想

曾经，托着腮
在书桌前
发呆，后来
我便成了
小小的书虫

雪人走路的方式

雪人，走路的方式
很特别
我们看不到

我们看到的
是雪人融化的样子
雪人走一步
就融化一点儿

雪人，牵着冬天
一步一步
一步一步地
往深处走

在季节的岔口
它把冬天
交给春天
自己就没了影子

南瓜不说话

喇叭花吹响五月时
南瓜还小
南瓜还不会说话

南瓜毛茸茸的脸儿
还透着稚气
南瓜躺在叶子间
像一幅水墨画

那时月亮的期盼
洒满了夜空
满塘蛙鸣被封存在
黎明的诗里

那时花生秧子
始终闪烁其词
率性的玉米一路

高举着礼花

那时南瓜还小
不知蝌蚪摇来夏天
那时南瓜还小
不知星星已经长大

树叶的梦幻之旅

秋风来了
好多树叶，开始了
梦幻之旅

一片儿装扮成
小小螃蟹
一片儿装扮成
大眼金鱼
在树上待得久了
到水里游泳
多么惬意
多么惬意

一片儿装扮成
啄木鸟儿
在树上凿洞
一片儿装扮成

花花蝴蝶
在草丛中翻飞
多么有趣
多么有趣

还有好多的叶儿
飞上天空
与大雁招手
和云朵比翼
多么飘逸
多么飘逸……

驮着露珠飞翔

一阵小风
驮着一颗露珠
自由飞翔

它们不知道
也不在意
最终的归宿
在什么地方

只是纯净地飞
透明地想
在草尖、枝头
花开的梦旁

后来，风儿
成了一片霞
露珠出落成
一颗朝阳……

快乐成一阵小雨

真想，快乐成
一阵小雨
悄悄飘到
你的住所去
你的书房去

让所有的梦儿
生动起来
蘑菇，不经意
冒满书架
鸟儿，从童话里
跑出来
淋雨……

让小椅子
生根
让小桌子

发芽
让拔节的笔杆
在笔筒里
颤声不已

你坐在桌前
一夜之间
就成了白胡子的
童话老人了

最初的梦想

南瓜，最初的梦想
是架起喇叭
把太阳吹绿
把月亮吹黄
把自己，也吹成
彩色的胖胖

谷子，最初的梦想
是高举穗棒
让馋嘴的麻雀
不敢妄动
稻草人，反成了
保护对象

棉桃，最初的梦想
是模仿编钟
伴着迂腐的

老牛，练发声
和着跑调的
蝈蝈，练歌唱

玉米，最初的梦想
是燃起礼花
让快乐盛开
让童真绽放
整个季节，变成
欢乐的海洋

一起去钓鱼

不用担心，我们
坐成泥雕
你不停地
说着话，像水面
冒出的泡泡

有没有鱼
不知道，钓钩儿
是只问号
你的笑声
时不时感染水面
时不时有
糊涂的虾
跑来凑热闹

我们远没有
栖息的蜻蜓安静

没有荷上
青蛙机警
岸边垂柳，趁机
挠下脖子
我们浑然不觉

其实，我们就是
傻傻鱼儿
无意间，咬上
夏的香饵……

白萝卜红萝卜

白萝卜
在季节的边沿儿
摇摇欲试

白萝卜的梦想
是变成
快乐的猫咪
从秋天里
蹿到冬天去

红萝卜
纤纤的腰肢
深深埋着

红萝卜的梦想
是变成
自由的耗子

在雪地上
跑来跑去……

真想不出
当爷爷把它们
全带回家
放进地窖里
会是什么样子

野花的悄悄话

一株野花
向我招手，它想
让我过去
说句悄悄话

它说那只蟋蟀
肯定是
喜欢上自己了
一个晚上
都在喋喋不休
说了好多
甜蜜的话儿

它说好多草儿
闪着泪光
都是些好朋友
一定是

为自己的幸福
高兴极了

那只蟋蟀后来
告诉我
它只是想
送另一只蟋蟀
一枝野花

鸟声，落在稿纸上

夜里，一只鸟儿
在我的睡梦里
鸣啾了几声
这声音落在稿纸上
竟成了谜语

没谁能解读
这声音真正的含义
包括插图的泪花
揣测的呓语
爱动心思的时钟
靠在墙边儿
绞尽脑汁

那么，就让我们
把谜底留在
后面的日子吧

有时，只是一个字
再多的表述
也毫无意义

生命的本质
其实就像一篇文章
没有答案
只有标题

冬天没有远去

其实，冬天并没有远去
冬天以另外的方式
潜伏了下来

比如，以冰凌的身份
消融在土层里
比如，以年轮的名义
藏身在树木中

甚至贴上古诗的标签
蛰伏在
鹅鸭的翅膀下

甚至打着风筝的旗号
探寻起早春的
蛛丝马迹

是的，冬天没有远去
正以诗的样子
在我的绿格子纸上
故弄玄虚……

小树以自己的方式

树叶落了
树叶落了
这是小树，撒下的
一只又一只
脚印

不要说小树
不能行走
小树以自己的方式
丈量梦想

树叶落了
树叶落了
这是小树，放飞的
一片又一片
羽毛

不要说小树
不能飞翔
小树以自己的方式
追逐光亮

树叶落了
树叶落了
这是小树，发出的
一张又一张
请柬

不要说小树
没有真诚
小树以自己的方式
邀请八方

树叶落了
树叶落了
这是小树，驶出的
一艘又一艘
小船

不要说小树

一无所有
小树以自己的方式
承载鸟鸣
承载果香

小树想写一首诗

春天来了
小树，想写
一首诗歌

山坡展开
绿色的稿纸
小溪送来
清亮的水汁
燕子衔来
连声喝彩

小树的诗
优雅且含蓄
点点芽苞
都是金句

春眠

吱吱呀呀的
柳笛，无意间
拉长了
春日长度

老打瞌睡的
杨毛虫
一不小心
跌下枝头

那些桃树杏树
已悄然
拉上了
浅色窗帘

减肥一冬的
麦苗儿，竟然
举着饭叉
犯起迷糊

树的发型

从春天开始
小树，就盘算着
如何打理
自己的长发

比如，在夏天里
把头发烫卷
比如，在冬天里
把头发拉直

最好，再用鸟巢
别个头花

不能飞翔的鸟儿

一棵果树
就是一只鸟儿
一片叶子
就是一片羽毛

这是一只
无法飞翔的鸟
它的羽毛
有时脱落
有时繁茂

在秋天里
这只鸟儿
会下很多很多的蛋
有的挂树杈
有的挂树梢

那座小屋

那座小屋
一入冬，就老了
两只眼睛
紧紧闭着
一只嘴巴
张开又合上

有时，房檐下
还会挂着
长长的冰凌
说不清睫毛
还是胡子

那座小屋
一开春，就靓了
贴上春联
就有了红唇

拉起草帘
成了双眼皮

有时，房檐下
还会筑起
小小燕窝
像一颗痣
又生动又美丽

蝌蚪的梦想

蝌蚪的梦想是
让小尾巴
变得又宽又长
像金鱼般
在透明的舞台
展示形象

金鱼的梦想是
让大尾巴
变成强壮翅膀
像鸟儿般
在广阔的天空
自由飞翔

而鸟儿觉得
做只青蛙也不错
可以在地上
跳跃欢乐
可以在水里
拨动欢畅……

龟兔赛跑

乌龟和兔子
每次赛跑，结局
都是一样的

小弟弟很同情
那只兔子
就把画书的
后几页，扯掉了

哈哈，这一下
小兔得了第一

黑猫警长

《黑猫警长》
是弟弟的好朋友
吃饭的时候
也舍不得松手

弄得好威风的警长
脏兮兮的
油渍渍的

晚上，弟弟睡觉了
《黑猫警长》
也爬上书架
打起了呼噜

嘻嘻，半夜里
被小耗子
咬破了屁股

怎样的事情发生

一只小耗子
跳进米缸里
想一想，会有怎样的
事情发生

如果满满一缸米
如果只有半缸米
如果一粒米也没有
想一想，会有
怎样的事情发生

那只嘴馋的小耗子
在你的想象里
一定很有趣
一定很滑稽

不过有一点
可不许把小猫咪
放进缸子里

剪　刀

时而，双腿
迈开
时而，手臂
合拢

为梦想
剪彩
为日子
修边

稍不留神
也会
把生活
铰个窟窿

一双筷子

一双双筷子
是一对对
孪生的孩子

它们一块吃饭
一块睡觉
一块讲究卫生

有谁看到过
小筷子
独来独往呢

真是一群好孩子
它们知道
如果不团结
还不如
一只小勺子

暖水瓶

暖水瓶可是
憋足了气

它看到碗筷们
在餐厅里
来来往往
又风光又神气

为什么冷落我呢
为什么
冷落我呢

为了引起
足够的重视
暖水瓶
就站在过道上

结果，被踢成
一堆碎片
扫进垃圾箱里

电风扇

抬头、低头
还是摇头

一到家里
我和弟弟妹妹
就争红脸

一挡、二挡
还是三挡

一到家里
我和妹妹弟弟
就吵破天

妈妈说，如果
哥哥是一挡
妹妹是二挡

弟弟是三挡

爸爸和妈妈
该喜欢
第几挡呢

我们，瞬间
闭了嘴
像按了空挡

过 年

腊月的箩筐
装满了
爆竹
春联
红灯笼
压岁钱

还有，喜庆
祝福
笑脸
期盼

就等，春节
这一天
一下子
全打翻……

贴春联

左边一条
右边一条
上边一条

你站在下边
像不像
一个贝字

在春节入口
一个福娃
在得意地笑

煮汤圆

胖胖的汤圆
终于沉不住气了
争先恐后
浮出水面

它们，商量好了
这个节日
有一件重要的
事情要办

就是，让每一只
馋嘴的碗
尝一尝香甜

包饺子

那时候，母亲
总忘不了
包进一枚钱币

那颗小小饺子
不动声色
总会舀进
我的记忆里

让我的童年
一次次升值

批作业

老师用“×”
帮我们
修剪秧苗

老师用“√”
帮我们
收割庄稼

老师用“○”
联起来
托着我们
向梦想出发

课代表

课代表，是
班级的
一面旗帜

不写作业的
调皮鬼
常常会
刮起歪风

结果是，旗
拽着风
成了老师
面前的风景

课间操

预备，第九套
广播体操
开始了……

伸一伸手
弯一弯腰
踢一踢腿
跺一跺脚

一排排琴键
演奏着
整齐的歌儿

劳动课

用丝瓜藤儿
当花边
用柿子茄子
做插图

用豆角的绿
南瓜的黄
辣椒的红

我们把菜园
做成了
学习园地

跑题

风，把云
写跑题了

云，把雨
写跑题了

雨，把小河
写跑题了

小河，把童年
写跑题了

捉迷藏

那次，你换了
几个地方
才在粮囤后面
做了鸡巢

后来，你为自己
藏得太深
太久，哭了

开学的时候
老鹰才找到了你
把你捉走
做了同桌

推铁环

一根铁丝
搭过手去，童年
便成了
快乐逗号

在房前屋后
在池旁塘边
在日头下
在风雨中
在不知疲倦的
追逐间
在母亲一遍
又一遍的
喊声里……

直至，把那颗
圆的夕阳
也当作铁环
推下山去

图　章

两只猫咪
在雪地上比赛
看谁画的
梅花，更漂亮

两只猫崽
跟着捣乱
这里，尿一点儿
那里，尿一点儿
说是帮妈妈
盖的图章

饮水机

我家的饮水机
有两只眼睛
一只绿的
一只红的

心情好的时候
睁绿眼睛
心情坏的时候
睁红眼睛

我家的饮水机
有两张嘴巴
一只蓝的
一只红的

蓝嘴巴说出的话
清凉甜美
红嘴巴说出的话
容易伤人

爱阅读 学生精读版 ★★★★★

课本里的作家

序号	作家	作品	年级
1	金　波	金波经典美文：第一辑 树与喜鹊	一年级
2	金　波	金波经典美文：第二辑 阳光	
3	金　波	金波经典美文：第三辑 雨点儿	
4	夏辇生	雷宝宝敲天鼓	
5	夏辇生	妈妈，我爱您	
6	叶圣陶	小小的船	
7	张秋生	来自大自然的歌	
8	薛卫民	有鸟窝的树	
9	樊发稼	说话	
10	圣　野	太阳公公，你早！	
11	程宏明	比尾巴	
12	柯　岩	春天的消息	
13	寞　植	香水姑娘	
14	胡木仁	会走的鸟窝	
15	胡木仁	小鸟的家	
16	胡木仁	绿色娃娃	
17	金　波	金波经典童话：沙滩上的童话	二年级
18	金　波	金波经典美文：一起长大的玩具	
19	高洪波	高洪波诗歌：彩色的梦	
20	冰　波	孤独的小螃蟹	
21	冰　波	企鹅寄冰·大象的耳朵	
22	张秋生	妈妈睡了·称赞	
23	孙幼军	小柳树和小枣树	
24	滕毓旭	神秘隐身人	
25	吴　然	吴然精选集：五彩路	三年级
26	叶圣陶	荷花·爬山虎的脚	
27	张秋生	铺满金色巴掌的水泥道	
28	王一梅	书本里的蚂蚁	
29	张继楼	童年七彩水墨画	
30	张之路	影子	

序号	作家	作品	年级
31	周　锐	慢性子裁缝和急性子顾客	三年级
32	张晓楠	一支铅笔的梦想	
33	洪汛涛	神笔马良·鸡与鹤	
34	曹文轩	曹文轩经典小说：芦花鞋	四年级
35	高洪波	高洪波精选集：陀螺	
36	吴　然	吴然精选集：珍珠雨	
37	叶君健	海的女儿	
38	茅　盾	天窗	
39	梁晓声	慈母情深	五年级
40	陈慧瑛	美丽的足迹	
41	丰子恺	沙坪小屋的鹅	
42	郭沫若	向着乐园前进	
43	叶文玲	我的“长生果”	
44	金　波	金波诗歌：我们去看海	六年级
45	肖复兴	肖复兴精选集：阳光的两种用法	
46	臧克家	有的人——臧克家诗歌精粹	
47	梁　衡	遥远的美丽	
48	钱万成	我从山中来	
49	臧克家	说和做——臧克家散文精粹	七年级
50	郭沫若	炉中煤·太阳礼赞	
51	刘慈欣	带上她的眼睛	
52	魏　巍	谁是最可爱的人	
53	贺敬之	回延安	八年级
54	刘成章	刘成章散文集：安塞腰鼓	
55	叶圣陶	苏州园林	
56	茅　盾	白杨礼赞	
57	严文井	永久的生命	
58	吴伯箫	吴伯箫散文选：记一辆纺车	
59	梁　衡	母亲石	
60	汪曾祺	昆明的雨	
61	曹文轩	曹文轩经典小说：孤独之旅	九年级
62	艾　青	我爱这土地	
63	卞之琳	断章	
64	梁实秋	记梁任公先生的一次演讲	高中
65	艾　青	大堰河——我的保姆	
66	郭沫若	立在地球边上放号	